Protokollführung für Betriebsräte

Einleitung

Die vor drei Jahren erschienene Erstauflage dieser Arbeitshilfe hat eine erfreuliche Aufnahme gefunden, so dass pünktlich zur Betriebsratswahl 2026 eine Neuauflage vorgelegt werden kann.

Auf den nachfolgenden Seiten wollen die Autoren Betriebsräten eine praktische Handreichung für die Erstellung von Protokollen geben. Schwerpunktmäßig bezieht sich die Darstellung auf die Protokollierung von Sitzungen des Betriebsrats. Dessen ungeachtet können die Ausführungen auch für die Protokolle weiterer Gremien im Bereich der betrieblichen Mitbestimmung (zB des Wirtschaftsausschusses) verwendet werden.

Aus Gründen der Übersichtlichkeit und zur leichteren Orientierung des Lesers folgt der Aufbau dieses Skripts im Wesentlichen der Abfolge der Schritte bei Erstellung eines Protokolls. Das erste Kapitel behandelt die der Protokollführung vorangehenden Überlegungen. Aus diesem Grund beleuchtet es Sinn und Zweck des Protokolls, gefolgt von den Grundlagen der Protokollerstellung. Im zweiten Kapitel geht es um die Anforderungen an den Schriftführer und seine Aufgaben. Im dritten Kapitel werden die wesentlichen Protokollarten mitsamt einer Empfehlung zur sog. Best Practice für die Auswahl der jeweils passenden Protokollart erörtert. Mit Ausführungen zur Protokollsprache behandelt das vierte Kapitel die Themen Schreibstil und Ausdrucksweise. Das fünfte Kapitel geht auf die Protokollierung der Betriebsratssitzung im engeren Sinne ein und behandelt mit den formalen und inhaltlichen Anforderungen an das Protokoll den Schwerpunkt dieses Skripts. Hieran angelehnt wird im sechsten Kapitel auf die Besonderheiten der Protokollierung von Betriebs- und Abteilungsversammlungen eingegangen. Das siebte Kapitel erörtert die Frage der Archivierung eines einmal erstellten Protokolls, gefolgt von Ausführungen zu möglichen Fehlern und mit diesen einhergehenden Sanktionen im achten Kapitel. Im Muster-Teil finden sich praktische Tipps sowie konkrete Muster mit anschaulichen, in der Praxis verwendbaren Beispielen.

Aus Gründen der Lesbarkeit wurde auf das Gendern verzichtet. Die jeweils verwendeten Formulierungen beziehen sich ausdrücklich auf alle infrage kommenden Geschlechter.

Die Autoren freuen sich über Lob und Tadel sowie Anregungen zum Skript. Diese können am einfachsten an die E-Mail-Adresse rechtsanwalt@jukic.biz gerichtet werden.

Die Autoren

Daniel Feilmeier, LL.M. Eur.
Rechtsanwalt und Wirtschaftsmediator (MuCDR)
langjähriger Dozent für Schulungen für Betriebsräte im Arbeits- und Betriebsverfassungsrecht

Anton Jukic, LL.M. Eur.
Rechtsanwalt und Wirtschaftsmediator (MuCDR)
langjähriger Dozent für Schulungen für Betriebsräte im
Arbeits- und Betriebsverfassungsrecht sowie Schwerbehindertenvertretungen

Inhaltsübersicht

Der Inhalt der 2. Auflage entspricht dem Inhalt der Online-Edition 42/2026

betriebsrat-plus.beck.de
vahlen.de

ISBN 978 3 8006 8106 8

Wilhelmstraße 9, 80801 München
info@vahlen.de
Druck und Bindung: Himmer GmbH
Steinerne Furt 95, 86167 Augsburg

Redaktion: Sandra Eden, Ass. jur., Verlag Franz Vahlen GmbH, München

Satz: Druckerei C.H.Beck, Nördlingen
Umschlag: Martina Busch, Grafikdesign, Homburg Saar

vahlen.de/nachhaltig
produktsicherheit.vahlen.de

Gedruckt auf säurefreiem, alterungsbeständigem Papier
(hergestellt aus chlorfrei gebleichtem Zellstoff)

I. Schriftführung im Betriebsrat

Betriebsräte empfinden das Erstellen von Protokollen manchmal als „lästige Pflicht". In diesem ersten Kapitel wird erläutert, warum die Protokollierung dessen ungeachtet wichtig ist, welche Gremien zur Erstellung von Protokollen verpflichtet sind und welche Besonderheiten hierbei zu beachten sind. Somit geht es hier um die Grundlagen der Protokollführung.

1. Ist der Betriebsrat gesetzlich zum Erstellen von Protokollen verpflichtet?

§ 34 Abs. 1 S. 1 BetrVG verpflichtet den Betriebsrat, über jede Verhandlung ein Protokoll zu erstellen („... eine Niederschrift aufzunehmen"). Mit Verhandlung in diesem Sinne meint das BetrVG die förmlichen Sitzungen des Betriebsrats. Die Verpflichtung zur Erstellung eines Protokolls besteht auch für Sitzungen des Betriebsausschusses und anderer Ausschüsse des Betriebsrats sowie für Arbeitsgruppen. Dies gilt jedoch nicht für Verhandlungen zwischen Betriebsrat und Arbeitgeber.

2. Wie erfüllt der Betriebsrat das Schriftformerfordernis?

Dem Schriftformerfordernis wird dadurch Genüge getan, dass der jeweilige Beschluss in das Protokoll aufgenommen und dieses vom Betriebsratsvorsitzenden und einem weiteren Betriebsratsmitglied unterzeichnet worden ist.

3. Kann der Betriebsrat von der Verpflichtung zur Protokollerstellung befreit werden?

Die Vorschrift des § 34 BetrVG ist zwingend und kann nicht durch Betriebsvereinbarung, Geschäftsordnung oder auf anderem Wege umgangen werden.

4. Welche rechtlichen Folgen hat es für die Wirksamkeit gefasster Beschlüsse, wenn der Betriebsrat kein Protokoll erstellt?

In diesem Fall begeht der Betriebsrat ganz allgemein eine Pflichtwidrigkeit. Zwar wird die Wirksamkeit gefasster Beschlüsse hierdurch im Allgemeinen nicht beeinträchtigt. Etwas anderes gilt allerdings dann, wenn der Beschluss aufgrund gesetzlicher Vorschriften der Schriftform bedarf (vgl. beispielsweise § 27 Abs. 2 S. 3 BetrVG betreffend die Übertragung von Aufgaben auf Ausschüsse sowie § 36 BetrVG betreffend das Beschließen einer Geschäftsordnung). Wird das Formerfordernis in solch einem Fall nicht erfüllt, so ist der Beschluss gem. § 125 S. 1 BGB nichtig.

5. Welche weiteren Gremien sind zur Protokollerstellung verpflichtet?

§ 34 BetrVG gilt entsprechend auch für den Gesamtbetriebsrat (§ 51 Abs. 1 S. 1 BetrVG), den Konzernbetriebsrat (§ 59 Abs. 1 BetrVG), die Jugend- und Auszubildendenvertretung (§ 65 Abs. 1 BetrVG), die Gesamt-Jugend- und Auszubildendenvertretung (§ 73 Abs. 2 BetrVG), die Konzern-Jugend- und Auszubildendenvertretung (§ 73b Abs. 2 BetrVG), die Bordvertretung (§ 115 Abs. 4 S. 1 BetrVG) und den Seebetriebsrat (§ 116 Abs. 3 BetrVG).

Eine besondere Situation besteht bei der Protokollierung der Sitzungen jener Ausschüsse, in die sowohl der Betriebsrat als auch der Arbeitgeber Mitglieder entsenden (§ 28 Abs. 2 BetrVG). Diese Ausschüsse sind in der Regel dazu befugt, bestimmte betriebsinterne Fragen verbindlich zu regeln, und sind deshalb meistens paritätisch durch Mitglieder des Betriebsrats einerseits und des Arbeitgebers andererseits besetzt. Typische Beispiele hierfür sind Ausschüsse für die Eingruppierung in Entgeltgruppen oder Fragen der Arbeitssicherheit. Zwar macht das Gesetz keine detaillierten Vorgaben betreffend die Tätigkeit dieser Ausschüsse einschließlich Protokollierung. Allgemein anerkannt ist, dass Betriebsrat und Arbeitgeber diese Gremien einvernehmlich mit Kompetenzen aus allen Bereichen der innerbetrieblichen Mitbestimmung ausstatten können. Unzulässig ist allerdings die Übertragung von Kernaufgaben des Betriebsrats, da dies zu einer Aushöhlung der Betriebsratstätigkeit führen würde.

Soweit die Mitglieder des von Betriebsrat und Arbeitgeber gemeinsam gebildeten Ausschusses in einer bestimmten Frage keine Einigkeit erzielen können, kommt es zu einem Patt. Infolgedessen geht die Aufgabe wieder zurück zum Betriebsrat bzw. Arbeitgeber und unterliegt den für den jeweiligen Sachbereich vorgesehenen gesetzlichen Streitbeilegungsmechanismen (insbesondere Arbeitsgericht oder Einigungsstelle). Aus Gründen der Rechtssicherheit empfiehlt es sich, hier die Vorgaben betreffend die Protokollierung von Sitzungen des Betriebsrats sinngemäß anzuwenden.

→ Muster 5: Protokoll der Sitzung des Eingruppierungsausschusses (paritätisch besetzt mit je zwei Vertretern von Betriebsrat und Arbeitgeber)

6. Welche Zwecke bzw. Funktionen hat die Protokollerstellung?

Die Niederschrift erfüllt eine ganze Reihe von Funktionen. Sie dient ganz allgemein als Informationsquelle, sowohl für die tägliche Arbeit der ordentlichen Mitglieder des Gremiums als auch für nachrückende Ersatzmitglieder. Zudem dokumentiert der Betriebsrat mit Hilfe des Protokolls seine Tätigkeit. Das Protokoll ermöglicht dem Betriebsrat auch die Prüfung, ob das, was beschlossen worden war, auch tatsächlich umgesetzt worden ist oder nicht. Weiterhin kann die Niederschrift auch im arbeitsgerichtlichen Verfahren als Beweismittel genutzt werden, wenn etwa der Arbeitgeber bestreitet, dass der Betriebsrat einen Beschluss eines bestimmten Inhalts gefasst hat (*→ Frage 6: Welche Zwecke bzw. Funktionen hat die Protokollerstellung?*).

Praxistipp

Oft wird das Protokoll als lästige Förmlichkeit wahrgenommen, die nur „den Betrieb im Gremium aufhält", oder es findet sich kein Mitglied des Betriebsrats, das die Protokollführung übernehmen möchte. Hier hilft es, sich jedes Mal aufs Neue die genannten Zwecke des Protokolls bewusst zu machen. Hieraus wird deutlich, welch immense Bedeutung das Protokoll hat. Bildlich gesprochen: Ohne Protokoll keine greifbaren Ergebnisse der Tätigkeit des Betriebsrats!

7. Muss ein Protokoll über eine Betriebsratssitzung erstellt werden, in der keine Beschlüsse gefasst wurden?

Ja. § 34 Abs. 1 S. 1 BetrVG verpflichtet zur Protokollerstellung über jede Betriebsratssitzung. Diese Verpflichtung besteht unabhängig davon, ob der Betriebsrat in der Sitzung einen Beschluss gefasst hat oder nicht.

Praxistipp

Erörterungen aus einer Sitzung ohne förmliche Beschlussfassung können unter Umständen Monate später für Beschlussfassungen des Betriebsrats relevant werden. Das Gremium wird dann froh sein, wenn in der ohne Beschlussfassung durchgeführten Sitzung entsprechend Protokoll geführt worden ist.

8. Welche rechtliche Bedeutung hat ein Protokoll?

Das Protokoll ist eine Privaturkunde gem. § 416 ZPO. Es beweist, dass die Unterzeichner die Angaben des Protokolls gemacht haben. Es beweist hingegen nicht, dass diese Angaben auch zutreffend sind. Anschauliches Beispiel aus der täglichen Praxis:

Beispiel

Ein Betriebsrat beschließt in seiner Sitzung, dass die bisher mit dem Arbeitgeber geführten Verhandlungen über den Abschluss einer Betriebsvereinbarung betreffend die Ordnung im Betrieb

(§ 87 Abs. 1 Nr. 1 BetrVG) gescheitert sind und jetzt die Einigungsstelle angerufen werden soll (§ 87 Abs. 2 BetrVG). Das Protokoll zu dieser Sitzung unterschreiben der Betriebsratsvorsitzende V und das schriftführende Betriebsratsmitglied M.

Das Protokoll beweist nur, dass V und M aussagen („erklären"), die Betriebsratssitzung habe stattgefunden. Der Verlauf der Betriebsratssitzung selbst einschließlich der gefassten Beschlüsse über das Scheitern der Verhandlungen und die Anrufung der Einigungsstelle werden durch das Protokoll hingegen grundsätzlich nicht bewiesen. Allerdings hat das Protokoll trotzdem große rechtliche Bedeutung (→ *Frage 9: Welchen Beweiswert hat ein Protokoll im arbeitsgerichtlichen Verfahren?*).

9. Welchen Beweiswert hat ein Protokoll im arbeitsgerichtlichen Verfahren?

Ungeachtet der soeben getätigten Ausführungen misst die Rechtsprechung dem Protokoll als Urkunde einen hohen Beweiswert zu (BAG 30.9.2014 – 1 ABR 32/13). Liegt im Verfahren ein formal ordnungsgemäßes Protokoll vor, aus dem sich eine Beschlussfassung des Betriebsrats ergibt, so werden die Gerichte in der Regel keinen Grund haben, den Verlauf der Betriebsratssitzung und die Beschlussfassung selbst aufzuklären (→ *Frage 10: Kann der Arbeitgeber vor Gericht trotz Vorliegens eines formal ordnungsgemäßen Protokolls eine wirksame Beschlussfassung des Betriebsrats bestreiten?*).

Praxistipp

Für die tägliche Arbeit des Betriebsrats ist entscheidend, dass das Gremium eine ordentliche Sitzung abgehalten und diese ordentlich protokolliert hat. Soweit es zu einem arbeitsgerichtlichen Verfahren gegen den Arbeitgeber kommt, können dann auch Teilnehmer der Sitzung vor Gericht aussagen (sog. Beweiserhebung durch Einvernahme von Zeugen).

10. Kann der Arbeitgeber vor Gericht trotz Vorliegens eines Protokolls eine wirksame Beschlussfassung des Betriebsrats bestreiten?

Ja. Allerdings muss er in einem solchen Fall konkret darlegen, worin der Fehler des bestehenden Protokolls liegen soll. Der Arbeitgeber muss ausführen, welche Voraussetzung einer ordnungsgemäßen Beschlussfassung seines Erachtens fehlt. Er muss hierzu versuchen, den Beweiswert des Protokolls zu erschüttern, oder den Gegenbeweis antreten (BAG 25.3.1992 – 7 ABR 65/90). Dies wäre beispielsweise möglich, wenn im Betrieb von Montag bis Freitag gearbeitet wird, das Protokoll jedoch einen Samstag als Tag der Betriebsratssitzung ausweist. Hier könnte der Betriebsrat wiederum entgegenhalten, dass es sich um einen Schreibfehler handelt und die Sitzung an dem davorliegenden Freitag stattgefunden hat. Das müsste der Betriebsrat dann allerdings auch beweisen, beispielsweise durch Vorlage der Ladungen an die Betriebsratsmitglieder.

Der Arbeitgeber kann sich bei Vorliegen eines formal ordnungsgemäßen Protokolls in keinem Fall darauf zurückziehen, eine ordnungsgemäße Beschlussfassung des Betriebsrats einfach mit Nichtwissen (§ 138 Abs. 4 ZPO) zu bestreiten.

Praxistipp

Gerade bei Bestehen sog. „atmosphärischer Störungen" zwischen Betriebsrat und Arbeitgeber ist ein derartiges Bestreiten von Seiten des Arbeitgebers denkbar. Hier ist es umso entscheidender, dass das Gremium formal wie auch inhaltlich ordentlich gearbeitet hat. Zwar trägt grundsätzlich der Arbeitgeber die Beweislast. Nichtsdestotrotz ist es umso besser, wenn der Betriebsrat die erhobenen Vorwürfe bereits im ersten Zug entkräften kann.

11. Wie wird das Arbeitsgericht bei einer Beschlussanfechtung vorgehen?

Bestreitet der Arbeitgeber in zulässiger Weise eine ordnungsgemäße Beschlussfassung des Betriebsrats, so entscheidet das Arbeitsgericht über die inhaltliche Richtigkeit des Protokolls gem. § 286 Abs. 1 ZPO nach freier richterlicher Überzeugung. Zu diesem Zweck klärt das Gericht die ordnungsgemäße Beschlussfassung des Betriebsrats ggf. gem. § 83 Abs. 1 ArbGG auf. Als Beweismittel hierfür kommen neben dem Protokoll vor allem auch Zeugenaussagen der Betriebsratsmitglieder in Betracht, die an der fraglichen Betriebsratssitzung teilgenommen haben. Tonaufnahmen kommen ebenfalls als Beweismittel in Frage, dürfen allerdings nur dann hergestellt werden, wenn die von der Aufnahme betroffenen Teilnehmer ihr Einverständnis hierzu erklärt haben.

12. Was kennzeichnet ein gutes Protokoll?

Ein gutes Protokoll ist gekennzeichnet durch

- chronologischen Aufbau,
- sprachliche Präzision,
- Vollständigkeit und Richtigkeit der Ausführungen,
- Fokussierung auf das Wesentliche,
- Verständlichkeit für den Leser,
- Verwendbarkeit als Informationsquelle und
- Beweismittel sowie eine übersichtliche, leserfreundliche Gestaltung.

Praxistipp

Übung macht den Meister! Auch wenn dies wie eine Binsenweisheit klingen mag – Fertigkeiten zur sprachlichen Präzision und Schwerpunktsetzung verlangen nach ständiger Anwendung. Es ist sehr wichtig, dass sich der Schriftführer von einzelnen Fehlschlägen nicht entmutigen lässt!

13. Was bedeutet „chronologischer Aufbau"?

Das Protokoll soll den tatsächlichen Sitzungsverlauf in dessen tatsächlicher zeitlicher Abfolge wiedergeben. Wurde die Reihenfolge der Tagesordnungspunkte im Verlauf der Sitzung geändert, so ist dies im Protokoll zu berücksichtigen.

Beispiel

Wenn Tagesordnungspunkt 8 vorgezogen und zwischen Tagesordnungspunkt 3 und 4 besprochen wird, enthält das Protokoll die Tagesordnungspunkte in der Reihenfolge 1–2–3–8–4–5–6–7.

Praxistipp

Der Schriftführer muss sich darüber im Klaren sein, hier im Bedarfsfall flexibel von der bereits im Vorfeld bekanntgegebenen Tagesordnung abweichen zu müssen.

II. Schriftführer

Die Person des Schriftführers ist entscheidend für die Qualität des Protokolls. In diesem Kapitel werden die Aufgaben des Schriftführers, die an den Schriftführer gestellten Anforderungen und seine Wahl dargestellt.

14. Welche Aufgaben hat der Schriftführer?

Aufgabe des Schriftführers ist es, den Verlauf einer Betriebsratssitzung schriftlich zu dokumentieren. Bei unklaren Ausführungen sollte der Schriftführer nachfragen, welche Formulierung ins Protokoll aufgenommen werden soll.

15. Was macht einen guten Schriftführer aus?

Er ist in der Lage, Gesprochenes in Geschriebenes umzusetzen. Dies erfordert die praktische Fähigkeit, Wesentliches von Unwesentlichem zu unterscheiden. Ein guter Schriftführer muss deshalb in der Lage sein, sich während der gesamten Dauer einer Betriebsratssitzung zu konzentrieren. Seine Tätigkeit verlangt schnelles Mitschreiben, gute Deutschkenntnisse (bzgl. Rechtschreibung, Grammatik, Zeichensetzung und Formulierung) und Kenntnisse von Protokollstilen und -sprache. Der Schriftführer sollte Kenntnis von den Themen, Problemen und Zielen der Sitzung haben und mit dem Teilnehmerkreis vertraut sein. Er muss objektiv, unparteiisch und unbeeinflussbar sein. Letztlich muss der Schriftführer in der Lage sein, den Anforderungen an ein rechtssicheres Protokoll gerecht zu werden.

Praxistipp

Sichere Kenntnis der Theorie ist die Grundlage für gute Praxis – dies gilt umso mehr in diesem Punkt. Um in der Praxis gute Protokolle erstellen zu können, muss der Schriftführer die Rahmenanforderungen an seine Tätigkeit sehr genau kennen. Es empfiehlt sich, hierfür auch entsprechende praktische Kurse zu besuchen.

16. Wie kann sich der Protokollführer die für seine Tätigkeit erforderlichen Kenntnisse aneignen?

Die für die Protokollführung erforderlichen Kenntnisse lassen sich durch Lektüre von Fachliteratur (wie beispielsweise die vorliegende Arbeitshilfe) und den Besuch von Fortbildungsveranstaltungen erwerben. Die Fähigkeit, gute Protokolle zu erstellen, wird jedoch nicht „über Nacht" erworben. Nur durch regelmäßiges Verfassen von Niederschriften kann der Protokollführer seine Fähigkeiten verbessern.

17. Wer hat für die Kosten der Aus- und Weiterbildung des Protokollführers aufzukommen?

Diese Kosten sind Teil der durch die Tätigkeit des Betriebsrats entstehenden Kosten und deshalb gem. § 40 Abs. 1 BetrVG vom Arbeitgeber zu tragen. Dies umfasst sowohl die Kosten für die erforderliche Fachliteratur als auch die Kosten für die Teilnahme an Schulungs- und Bildungsveranstaltungen, vorausgesetzt, die Veranstaltungen vermitteln die für die Betriebsratsarbeit erforderliche Kenntnisse.

Praxistipp

Aus Gründen der Rechtssicherheit ist es für den Betriebsrat immer die bessere Vorgehensweise, Schulungen erst dann zu buchen (und allgemein Kosten auszulösen), nachdem der Arbeitgeber die Zusage für die Übernahme der damit einhergehenden Kosten erteilt hat. Nur wenn Betriebsrat und Arbeitgeber grundlegend unterschiedliche Ansichten haben und der Arbeitgeber jedwede Zusage verweigert, ist der Betriebsrat gezwungen, eine andere Gangart zu wählen: In diesem

Fall wird kaum ein Weg am Arbeitsgericht vorbeiführen. Soweit die Zeit knapp wird und der Betriebsrat eine Schulung sehr dringend benötigt, sollte zudem die Beantragung einer einstweiligen Verfügung in Betracht gezogen werden.

18. Wer entscheidet über den Schriftführer?

Die Bestellung zum Schriftführer erfolgt nicht allein durch den Betriebsratsvorsitzenden, sondern durch den Betriebsrat als Gremium, möglichst in der konstituierenden Sitzung. Der Betriebsrat kann auch mehrere Personen zu Schriftführern bestellen. Spätere Änderungen mit Wirkung für die Zukunft sind jederzeit zulässig.

19. Kann eine Person, die nicht Betriebsratsmitglied ist, Schriftführer sein?

Ja. Alternativ ist zudem auch die Hinzuziehung einer externen Schreibkraft zur Unterstützung des Schriftführers zulässig. Beides wird in der Literatur allerdings bisweilen auch kritisch gesehen. In beiden Fällen sollten die externen Kräfte stets auf die Einhaltung des Geschäftsgeheimnisses sowie des Datenschutzes verpflichtet werden.

Die Regel ist allerdings, dass der Schriftführer vom Betriebsrat aus dem Kreis der Betriebsratsmitglieder bestellt wird. Die Frage des Engagements einer eigenen Schreibkraft stellt sich in der Regel erst bei größeren Betriebsratsgremien ab 15 oder sogar 17 Mitgliedern.

Praxistipp

Der Betriebsrat kann die umstrittene Frage der förmlichen Protokollführung durch eine Schreibkraft, die nicht selbst Mitglied des Gremiums ist, umgehen und zugleich trotzdem eine spürbare Entlastung in diesem Punkt wie folgt sicherstellen: Der Betriebsrat benennt zwar ein Mitglied des Gremiums als Protokollführer, stellt diesem allerdings dauerhaft eine Schreibkraft zur reinen Anfertigung der Mitschrift des Sitzungsverlaufs zur Seite (zu den verschiedenen Protokollarten → Frage 25: Was ist ein Ergebnisprotokoll? ff.).

20. Worauf sollte in diesem Fall geachtet werden?

Bei der Auswahl einer externen Schreibkraft steht dem Betriebsrat ein Mitspracherecht zu. Der Betriebsrat sollte bei der Ausübung dieses Mitspracherechts darauf achten, dass die externe Schreibkraft vertrauenswürdig ist und dass sie keine Interna des Betriebsrats an den Arbeitgeber oder sonstige Dritte weitergibt. Anlass zu Zweifeln könnte der Betriebsrat beispielsweise haben, wenn die vom Arbeitgeber vorgeschlagene Schreibkraft über einen längeren Zeitraum eng mit dem Arbeitgeber zusammengearbeitet hat. Soweit die Schreibkraft bei ihrer Tätigkeit Kenntnis von Betriebs- oder Geschäftsgeheimnissen erhält, wäre sie lediglich auf Grund der arbeitsvertraglichen Treuepflicht zur Geheimhaltung verpflichtet. Aus Gründen der Rechtssicherheit sollte sie daher auch ausdrücklich auf die für Betriebsratsmitglieder geltende Geheimhaltungspflicht (§ 79 BetrVG) verpflichtet werden.

Praxistipp

Die Schreibkraft hat Einblick in nahezu sämtliche Details der Betriebsratsarbeit. Hier sollte in der Auswahl der Person Gründlichkeit vor Schnelligkeit gehen!

21. Kann der Betriebsratsvorsitzende gleichzeitig Schriftführer sein?

Der Betriebsratsvorsitzende kann auch zum Schriftführer bestimmt werden. Sinnvoll ist dies jedoch nicht, da der Betriebsratsvorsitzende bereits mit der Sitzungsleitung beschäftigt ist und er sich ganz dieser Aufgabe widmen soll.

Praxistipp

Die Aufgaben sollten in einem Gremium sinnvoll verteilt sein. Es ergibt wenig Sinn, wenn einzelne Betriebsratsmitglieder mehrere (oder sogar alle) Aufgaben übernehmen, während andere sich in vornehmer Zurückhaltung üben.

22. Kann der Schriftführer wechseln („rotieren")?

Der Schriftführer kann wechseln. Dies hat den Vorteil, dass auch im Falle der Abwesenheit eines Schriftführers (etwa im Falle von Urlaub oder Krankheit) eine ordnungsgemäße Protokollierung der Betriebsratssitzung gewährleistet ist. Eine rotierende Schriftführung, bei der jedes Betriebsratsmitglied einmal als Protokollführer fungiert, ist jedoch nicht zu empfehlen, da auf diese Weise kein Betriebsratsmitglied ausreichend Erfahrung als Schriftführer sammeln kann.

Praxistipp

Eine „gerechte Verteilung" der Protokollführung kann für manch einen Betriebsrat interessant wirken. Hier sollte sich das Gremium allerdings die hohen Reibungsverluste einer rotierenden Protokollführung vor Augen führen.

23. Muss es einen stellvertretenden Schriftführer geben?

Die Bestellung eines stellvertretenden Schriftführers sieht das BetrVG nicht verpflichtend vor. Es ist jedoch sinnvoll, um im Falle der Abwesenheit des Schriftführers Klarheit darüber zu haben, wer für die Schriftführung verantwortlich ist.

24. Wer trägt die Verantwortung für die Erstellung eines ordnungsgemäßen Protokolls?

Für die ordnungsgemäße Protokollierung ist der Betriebsratsvorsitzende als Leiter der Sitzung verantwortlich, im Falle seiner Verhinderung der Stellvertreter. Kommt der Vorsitzende dieser Aufgabe nicht nach, handelt er pflichtwidrig. Dies kann im Wiederholungsfall seine Abwahl oder ein Verfahren gem. § 23 Abs. 1 BetrVG nach sich ziehen.

III. Protokollarten

Protokoll ist nicht gleich Protokoll. Es gibt mit Ergebnis-, Verlaufs- und Wortprotokoll unterschiedliche Arten des Protokolls. Die Unterschiede zwischen den verschiedenen Protokollarten, ihre Vor- und Nachteile sowie die unterschiedlichen Anwendungssituationen werden nachfolgend erläutert.

25. Was ist ein Ergebnisprotokoll?

In einem Ergebnisprotokoll werden nur die vom Gremium gefassten Beschlüsse als Ergebnisse der jeweiligen Betriebsratssitzung festgehalten.

26. Welche Vorteile bietet ein Ergebnisprotokoll?

Ein Ergebnisprotokoll spart Zeit. Zudem wird der Leser nicht mit Informationen überfrachtet.

Praxistipp

Meistens sind die konkreten Beschlüsse das einzige Ergebnis, das eine Sitzung langfristig überdauert. Die ausgetauschten Argumente können von den Mitgliedern des Gremiums auch auf andere Weise diskutiert werden; rechtsverbindlich gegenüber Dritten sind sie ohnehin nicht.

Gerade bei Sitzungen des Betriebsrats, die unstreitig und mit eher wenig Diskussion verlaufen sind, ist das Ergebnisprotokoll oftmals das „Mittel der Wahl". Wenn in einer Sitzung wenig erörtert wurde, dann gibt es kaum einen Grund, im Protokoll über die Wiedergabe der Beschlüsse hinauszugehen.

27. Welche Nachteile hat ein Ergebnisprotokoll?

Die Umstände, welche zu den einzelnen Entscheidungen geführt haben, werden nicht dokumentiert. Das bedeutet, dass für den Leser die Hintergründe ohne eigene Recherche unklar bleiben. Dies kann sich insbesondere bei etwaigen arbeitsgerichtlichen Auseinandersetzungen für den Betriebsrat nachteilig auswirken.

28. Was ist ein Verlaufsprotokoll (Verhandlungsprotokoll)?

In einem Verlaufsprotokoll wird der Gang einer Betriebsratssitzung in seinen wesentlichen Teilen festgehalten.

29. Welche Vorteile bietet ein Verlaufsprotokoll?

Ein Verlaufsprotokoll enthält die wesentlichen Argumente der Sitzungsteilnehmer. Dem Leser werden alle wichtigen Informationen gegeben, ohne ihn zu überfordern.

Praxistipp

Wenn nur die wichtigen Diskussionspunkte und Argumente aufgenommen werden (Stichwort: Lesbarkeit des Protokolls) kann ein Verlaufsprotokoll dem Leser auch noch Monate später wertvolle Informationen über die im Gremium ausgetauschten Überlegungen geben.

30. Welche Nachteile hat ein Verlaufsprotokoll?

Das Verlaufsprotokoll bedeutet für den Protokollführer einen massiv erhöhten Arbeitsaufwand und verlangt ihm ein hohes Maß an Aufmerksamkeit ab. Er muss Wesentliches von Unwesentlichem trennen und die wesentlichen Punkte der Sitzung strukturiert zu Papier bringen.

31. Was ist ein Wortprotokoll?

In einem Wortprotokoll wird jede Wortmeldung aufgeführt. Auch Beifall, Zwischenrufe oder Gelächter werden in einem Wortprotokoll erwähnt. Es ist die Protokollart mit den meisten inhaltlichen Details.

32. Welche Vorteile bietet ein Wortprotokoll?

Durch die Aufführung sämtlicher Details wird vermieden, dass Informationen verloren gehen.

33. Welche Nachteile hat ein Wortprotokoll?

Das Wortprotokoll erfordert den größten Aufwand von allen drei Protokollarten: Der Protokollführer muss sich sehr konzentrieren und kann sich infolgedessen oft nicht mehr aktiv in die Diskussion einschalten. Auch an den Leser stellt das Wortprotokoll hohe Anforderungen: Er ist mit einem umfangreichen Dokument konfrontiert und muss bei der Lektüre Wesentliches von Unwesentlichem trennen.

Praxistipp

Der Protokollführer sollte sich hier nicht in die Irre führen lassen: Mehr Text bedeutet nicht automatisch auch einen Mehrwert. Hier gilt: Weniger ist oft mehr.

34. Welche Protokollart ist zu empfehlen?

Ob ein Ergebnis- oder Verlaufsprotokoll angefertigt wird, hängt von der jeweiligen Situation ab. Als Richtlinie bietet sich an, auf die Bedeutung des einzelnen Tagesordnungspunktes für die Belegschaft (und damit auch den Betriebsrat) sowie den Umfang der geführten Diskussion mitsamt ausgetauschten Argumenten abzustellen. Rechtlich sind auch Mischformen zulässig, in denen sich Elemente verschiedener Protokollarten finden. So können die Ausführungen zu intensiv diskutierten Tagesordnungspunkten sehr umfangreich ausfallen, wenig erörterte Tagesordnungspunkte dagegen sehr knapp protokolliert werden.

Die Anfertigung eines Wortprotokolls kann meistens nicht empfohlen werden. Zum einen ist der für seine Anfertigung erforderliche Zeitaufwand sehr hoch, zum anderen ist diese Art des Protokolls häufig sehr umfangreich und überfordert dadurch den Leser.

Praxistipp

Als Richtschnur für die Auswahl der Protokollart kann sich der Schriftführer fragen, welche Bedeutung der jeweilige Tagesordnungspunkt für die nachfolgende Tätigkeit des Betriebsrats (oder für seine einzelnen Mitglieder) hat. Zudem kann berücksichtigt werden, ob evtl. eine förmliche Auseinandersetzung (Arbeitsgericht, Einigungsstelle) mit dem Arbeitgeber zu befürchten ist. Wichtig ist, sich vor der Diskussion über die einzelnen Tagesordnungspunkte hierüber im Klaren zu sein bzw. spätestens bei Beginn der Diskussion über diese Punkte entsprechende Klarheit herzustellen.

→ *Muster 4: Protokoll (Beispiel)*

IV. Protokollsprache

Ein neu gewählter Schriftführer stellt sich vor allem die Fragen: Wie schreibe ich ein Protokoll und was muss ich sprachlich bei Zeitform, Formulierung sowie direkter und indirekter Rede beachten? Das folgende Kapitel beantwortet diese Fragen.

35. In welcher Zeitform sollte ein Protokoll verfasst sein?

Ein Protokoll ist im Präsens (= Gegenwart) zu schreiben, nicht im Imperfekt (= Vergangenheitsform). Dies gilt auch dann, wenn das Protokoll erst zu einem späteren Zeitpunkt geschrieben oder vervollständigt wird.

36. Warum sollte das Protokoll in der Gegenwart verfasst sein?

Das Protokoll ist leichter lesbar. Das Präsens vermittelt dem Leser zudem das Gefühl, dabei gewesen zu sein. Schließlich wird verdeutlicht, dass das Protokoll während der Sitzung mitgeschrieben wurde.

37. Sollte ein Protokoll in Stichpunkten oder in ganzen Sätzen verfasst werden?

Ein Protokoll sollte stets in ganzen Sätzen geschrieben werden. Bei Verwendung des Telegrammstils (bloße Verwendung von Stichwörtern) wird häufig das Verb weggelassen und es damit dem Leser überlassen, den Text gedanklich zu vervollständigen. Dies ermöglicht unterschiedliche Deutungen. Vollständige Sätze verringern das Risiko unterschiedlicher Interpretationen.

Praxistipp

Zur Orientierung sollte sich der Schriftführer immer darüber im Klaren sein, dass das Protokoll gerade auch von Personen gelesen wird, die es nicht angefertigt haben oder sogar in der Sitzung nicht dabei waren. Vor allem diese Personen sollten das Protokoll auch verstehen können!

38. In welcher Person sollten Sachverhalte in einem Protokoll dargestellt werden?

Sachverhalte sind stets in der dritten Person Singular (= Einzahl) oder Plural (= Mehrzahl) darzustellen. Dies gilt auch dann, wenn der Schriftführer sich während der Sitzung selbst an der Diskussion beteiligt und dabei zu Tagesordnungspunkten Stellung nimmt. Zu formulieren ist in diesem Fall also nicht etwa „Ich äußere Bedenken hinsichtlich des Entwurfs einer Betriebsvereinbarung …“, sondern „Herr/Frau Mustermann äußert Bedenken hinsichtlich des Entwurfs einer Betriebsvereinbarung …“.

39. Welche Formulierungen sollten in einem Protokoll vermieden werden?

Vermeiden sollte der Schriftführer vor allem doppelte Verneinungen (sie erschweren die Verständlichkeit des Textes; Beispiel: „nicht unrechtmäßig“ – besser: „rechtmäßig“) und Wortwiederholungen (sie lassen den Text eintönig erscheinen). Zudem sollte weitgehend auf Fremdwörter und Abkürzungen verzichtet werden, da diese nicht jedem Leser geläufig sind. Auch lange Sätze sind zu Gunsten mehrerer kürzerer zu vermeiden. Schließlich sollten auch wertende Adjektive, die die Sitzung betreffen, nicht im Protokoll zu finden sein, da das Protokoll den Sitzungsverlauf objektiv widerspiegeln soll.

Praxistipp

Ein Protokoll sollte beim ersten Lesen verständlich sein. Unverständliche und unnötig komplexe Formulierungen bewirken meist nur, dass der Leser zusätzlich Zeit benötigt, um den Inhalt zu verstehen. Diese hat er aber im Arbeitsalltag meistens nicht. Zudem muss bedacht werden: Manchmal wird ein Protokoll erst Jahre später wieder gelesen, wenn das Gremium ganz anders zusammengesetzt ist als zum Zeitpunkt der protokollierten Sitzung. Wenn eine Formulierung dann aufgrund überbordender Komplexität auch noch unverständlich ist, gibt es im schlimmsten Fall niemanden mehr, der Zweifelsfragen beantworten könnte.

→ *Muster 4: Protokoll (Beispiel)*

40. Was ist die direkte Rede?

Bei der direkten Rede wird das, was eine Person gesagt hat, wortwörtlich (= wie gesagt) wiedergegeben.

Beispiel

Betriebsratsmitglied A sagt: „Betriebsratsmitglied D ist mit dem Vorschlag des Arbeitgebers nicht einverstanden.“

41. Was ist die indirekte Rede?

Bei der indirekten Rede wird das, was eine Person gesagt hat, nicht wortwörtlich, sondern nur sinngemäß (= seinem Inhalt nach) wiedergegeben.

Beispiel

Betriebsratsmitglied A führt aus, dass Betriebsratsmitglied D mit dem Vorschlag des Arbeitgebers nicht einverstanden sei.

42. Wann verwendet man im Protokoll die indirekte Rede?

Im Protokoll wird die indirekte Rede verwendet, wenn jemand zitiert wird (so wie im obigen Beispiel Betriebsratsmitglied D: → *Frage 41: Was ist die indirekte Rede?*).

43. Darf ein Protokoll auch in einer Fremdsprache verfasst werden?

Ist die Arbeitssprache im Betrieb eine andere Sprache als die deutsche, kann das Protokoll auch in dieser Sprache verfasst werden. Inwieweit dies (beispielsweise in international tätigen Unternehmen) empfehlenswert ist, sollte insbesondere von der Frage abhängig gemacht werden, ob sich alle Betriebsratsmitglieder in die Arbeit des Gremiums einbringen und diese auch vollständig verstehen können.

Praxistipp

Der Schriftführer sollte sich an dieser Stelle jedes Mal aufs Neue bewusst machen, dass das Protokoll in erster Linie die Mitglieder des jeweils amtierenden Betriebsrats verstehen müssen.

44. Ist ein zB auf Englisch verfasstes Protokoll als Beweismittel vor Gericht verwertbar?

Gem. § 184 GVG ist die Gerichtssprache Deutsch. Ein in einer anderen Sprache verfasstes Protokoll muss daher zunächst übersetzt werden, bevor es als Beweismittel in einem arbeitsgerichtlichen Verfahren genutzt werden kann.

Praxistipp

Soweit eine Protokollführung in englischer Sprache aufgrund der internationalen Besetzung eines Betriebsrats sinnvoll ist, ist hiergegen nichts einzuwenden. In diesem Fall besteht ein reales Bedürfnis hierfür, sodass sich das Gremium von einem Übersetzungsbedarf im Streitfall nicht beirren lassen sollte. In der Praxis ist dies durchaus anzutreffen, wenn auch nicht besonders weit verbreitet. Die Protokollführung in einer Fremdsprache sollte jedoch nicht zu einer Modeerscheinung werden!

45. Wer muss die Kosten einer Übersetzung tragen?

Die durch die Tätigkeit des Betriebsrats entstehenden Kosten trägt der Arbeitgeber (§ 40 Abs. 1 BetrVG). Hierzu gehören auch Kosten der Übersetzung von Dokumenten.

V. Protokollierung der Betriebsratssitzung

Die rechtssichere Protokollierung einer Betriebsratssitzung kann entscheidend für den Ausgang einer arbeitsgerichtlichen Auseinandersetzung sein. Fehler in diesem Bereich sollten daher unbedingt vermieden werden. Die folgenden Ausführungen wollen den Leser an die Hand nehmen, um ihn Schritt für Schritt zum rechtssicheren Protokoll zu begleiten.

46. Welche Arbeitsschritte sollten bei der Protokollierung beachtet werden?

Die Protokollierung sollte vorbereitet, durchgeführt und nachbereitet werden.

47. Wie sollte die Protokollierung vorbereitet werden?

Der Schriftführer sollte sich anhand der Tagesordnung auf die jeweilige Betriebsratssitzung vorbereiten. Er sollte zu Beginn der Sitzung mit den verschiedenen Tagesordnungspunkten vertraut sein und die Sitzungsteilnehmer kennen. Aufgabe des Schriftführers ist es auch, die erforderliche technische Ausstattung sicherzustellen und ggf. selbst in den Sitzungsraum mitzubringen (zB Laptop mit Akku und Ladekabel, Aufnahmegerät, funktionsfähiges Schreibmaterial, nummerierte Blätter in ausreichender Anzahl). Zu empfehlen ist schließlich die vorherige Anfertigung eines Protokollformulars, in welches die bereits feststehenden Informationen (zB Ort und Datum der Sitzung) vor der Sitzung eingetragen werden.

Praxistipp

Eine gewissenhafte Vorbereitung ist der Schlüssel für eine gelungene Protokollierung. Es macht auch auf die weiteren Mitglieder des Gremiums keinen guten Eindruck, wenn der Protokollführer seine „Hausaufgaben" nicht gemacht hat und unvorbereitet zur Sitzung erscheint.

→ *Muster 2: Ladung und Tagesordnung (Beispiel)*

→ *Muster 3: Anwesenheitsliste (Beispiel)*

→ *Muster 6: Ladung und Tagesordnung (leer)*

→ *Muster 7: Anwesenheitsliste (leer)*

→ *Muster 8: Protokoll (leer)*

48. Dürfen zum Zwecke der Protokollierung Sprachaufnahmen gemacht werden?

Sprachaufnahmen sind zulässig, wenn alle aufgenommenen Sitzungsteilnehmer ausdrücklich freiwillig zustimmen. In jedem Fall muss eine Sprachaufnahme anschließend in Schriftform übertragen werden, um sie für die Amtszeit des Betriebsrats dauerhaft zu sichern.

49. Bis wann muss ein Protokoll fertiggestellt sein?

Das Gesetz schreibt nicht vor, bis wann ein Protokoll fertiggestellt sein muss. In der Geschäftsordnung kann der Betriebsrat hierfür Fristen vorsehen. Empfehlenswert ist in jedem Fall eine zeitnahe Fertigstellung (innerhalb von wenigen Tagen), da die Erinnerung an die jeweilige Sitzung mit der Zeit verblasst, was die Vervollständigung eines noch unfertigen Protokolls unnötigerweise erschwert. Hinzu kommt, dass sich Sachverhalte nach der Sitzung ändern können. Auch dies kann die Vervollständigung eines noch unfertigen Protokolls zusätzlich erschweren.

Wird das Protokoll jedoch bereits während der Sitzung erstellt (sog. Live-Protokoll), werden die Sitzungsteilnehmer aktiv in die Ergebnissicherung eingebunden. Sie haben die Möglichkeit, die Formulierung eigener Beiträge selbst zu kontrollieren und bei Unstimmigkeiten unmittelbar einzugreifen. Dies ist vor allem bei gemeinsamen Sitzungen mit dem Arbeitgeber sinnvoll, da Betriebsrat und Arbeitgeber so die Möglichkeit haben, besprochene Themen so festzuhalten, dass der Interpretationsspielraum für beide Seiten minimiert wird. Empfehlenswert ist es in diesem Fall auch, darauf hinzuwirken, dass der Arbeitgeber das Protokoll durch seine Unterschrift bestätigt. Zwingen kann man den Arbeitgeber hierzu jedoch nicht.

50. Welche Folgen hat es, wenn ein Protokoll nicht innerhalb der in der Geschäftsordnung genannten Frist erstellt wird?

In diesem Fall leistet sich der Betriebsrat einen Verstoß gegen Pflichten, die er sich selbst auferlegt hat. Hinsichtlich der Rechtsfolgen muss unterschieden werden: Außenstehende Personen (wie zB die Geschäftsführung) können hier keine Ansprüche geltend machen. Betriebsratsintern könnte dies allerdings Konsequenzen bis hin zur Abberufung des Schriftführers haben.

Achtung: Hiervon zu trennen ist die Frage, welche Sanktionen eine dauerhaft verspätete oder überhaupt nicht erfolgende Protokollerstellung haben kann. Hier kommt schlimmstenfalls eine Abberufung des Protokollführers als Betriebsratsmitglied bzw. sogar des gesamten Gremiums in Betracht (§ 23 Abs. 1 BetrVG), da es sich um Verstöße gegen gesetzliche Pflichten (§ 34 Abs. 1 S. 1 BetrVG) handelt.

51. Wie sollte ein Protokoll aufgebaut sein?

Ein Protokoll sollte nach den in der Sitzung behandelten Tagesordnungspunkten gegliedert sein. Sinnvoll ist es darüber hinaus, wenn man sich bei jedem Tagesordnungspunkt an folgendem Schema orientiert:

- Beschreibung der Situation,
- zusätzliche Informationen,
- Meinungen und Argumente,
- Antrag, Arbeitsaufträge und diesbezügliche Fristen ("wer macht was bis wann?"),
- Wortlaut und Abstimmungsergebnis von Beschlüssen.

52. Was ist die DIN 5008?

Die Norm DIN 5008 bietet Schreib- und Gestaltungsregeln für die Text- und Informationsverarbeitung. Sie gehört zu den grundlegenden Normen für Arbeiten im Büro- und Verwaltungsbereich.

Praxistipp

Die Orientierung an bereits existierenden Standards erleichtert die Arbeit des Protokollführers.

53. Sind die Inhalte der DIN 5008 für den Schriftführer rechtlich bindend?

Nein. Die Orientierung an standardisierten Schreib- und Gestaltungsregeln dürfte jedoch die Arbeit des Schriftführers erheblich erleichtern.

54. Was sind die vier Eckpunkte der Verständlichkeit?

Nach dem „Hamburger Verständlichkeitskonzept" wird die Verständlichkeit eines Textes anhand der folgenden Kriterien beurteilt:

- Einfachheit
- Gliederung und Ordnung
- Kürze und Prägnanz
- anregende Zusätze

55. Ist eine Anwesenheitsliste zwingend erforderlich?

Ja. Die Anwesenheitsliste ist Bestandteil des Protokolls. Durch die eigenhändige Unterschrift der Sitzungsteilnehmer wird deren Teilnahme an der Betriebsratssitzung bewiesen.

Praxistipp

Die Anwesenheitsliste ist nicht nur ein „Anhängsel" des „eigentlichen" Protokolls, sondern ebenso wichtig wie der Text des Protokolls selbst. Im Streitfall muss bewiesen werden, welche Personen an der umstrittenen Betriebsratssitzung teilgenommen haben – hier hilft die Anwesenheitsliste.

56. Wer hat sich in die Anwesenheitsliste einzutragen?

Einzutragen haben sich alle, die an der Betriebsratssitzung teilgenommen haben:

- Betriebsratsmitglieder,
- Ersatzmitglieder,
- ggf. der Arbeitgeber,
- Mitglieder der Jugend- und Auszubildendenvertretung,
- die Vertrauensperson der Schwerbehinderten,
- Vertreter der Gewerkschaft,
- Mitglieder des Sprecherausschusses der leitenden Angestellten usw.

Praxistipp

Jeder Sitzungsteilnehmer muss sich selbst eintragen, Stellvertretung ist hier nicht zulässig.

57. Wie kann ein Betriebsratsmitglied seine Teilnahme an einer Betriebsratssitzung mittels Video- und Telefonkonferenz nachweisen?

Nimmt ein Betriebsratsmitglied mittels Video- und Telefonkonferenz an der Betriebsratssitzung teil, so hat es seine Teilnahme gegenüber dem Betriebsratsvorsitzenden in Textform (§ 126b BGB) zu bestätigen (vgl. § 34 Abs. 1 S. 4 BetrVG). Dies kann etwa durch eine E-Mail oder eine Chatmitteilung in einem Messenger-Dienst geschehen. Die Teilnahmebestätigung ist dem Protokoll beizufügen (vgl. § 34 Abs. 1 S. 5 BetrVG). Verlässt ein Betriebsratsmitglied vorzeitig oder zwischenzeitlich die Betriebsratssitzung, so ist auch dies in Textform mitzuteilen und in gleicher Weise dem Protokoll beizufügen.

Praxistipp

Hier ist die Aufmerksamkeit des Protokollführers geboten, vor allem bei größeren Gremien. Um dem Protokollführer die Arbeit zu erleichtern, bieten sich Pausen an, während derer die Sitzungsteilnehmer den Raum verlassen können, ohne dass dies im Protokoll vermerkt werden müsste.

58. Wie kann ein sonstiger Teilnehmer seine Teilnahme an einer Betriebsratssitzung mittels Video- und Telefonkonferenz nachweisen?

Nach ihrem Wortlaut findet die Vorschrift des § 34 Abs. 1 S. 4 BetrVG nur auf Betriebsratsmitglieder Anwendung. Nach ihrem Sinn und Zweck muss diese Vorschrift jedoch auch für alle anderen Sitzungsteilnehmer gelten, die per Video- und Telefonkonferenz zugeschaltet sind.

Praxistipp

Nicht alle Fragen lassen sich allein aus der Lektüre des Gesetzestextes beantworten. Regelt das Gesetz eine Frage nicht ausdrücklich, hilft oft ein Blick in einen Kommentar (zB Fitting, BetrVG).

59. Welche Inhalte sind zwingend in ein Protokoll aufzunehmen („Mindestinhalt des Protokolls")?

Der notwendige Mindestinhalt eines Protokolls ergibt sich aus § 34 Abs. 1 S. 1 BetrVG. Demnach sind der Wortlaut der Beschlüsse und die Stimmenmehrheit, mit der sie gefasst sind, zwingend in das Protokoll aufzunehmen. Die Ablehnung eines Antrags ist ebenfalls ein Beschluss und muss daher auch ins Protokoll aufgenommen werden.

60. Was darf über den Mindestinhalt hinaus in ein Protokoll aufgenommen werden („Möglicher Zusatzinhalt")?

Genannt werden sollten zum einen das Datum der Betriebsratssitzung (damit feststeht, auf welche Betriebsratssitzung sich das Protokoll bezieht) sowie die Angabe aller Beratungsgegenstände (diese kann im Falle von Streitigkeiten über die Notwendigkeit eines Arbeitsversäumnisses nach § 37 Abs. 2 BetrVG von Bedeutung sein). Zum anderen können bei besonderer Relevanz für die Diskussion Äußerungen einzelner Sitzungsteilnehmer wortlautgetreu wiedergegeben werden. Soweit das jeweilige Betriebsratsmitglied ausdrücklich im Protokoll zitiert werden möchte, ist diese Äußerung als sog. „Erklärung zu Protokoll" im Wortlaut wiederzugeben.

Eine Angabe darüber, wie welches Betriebsratsmitglied abgestimmt hat, ist nur dann zulässig, wenn die Abstimmung offen erfolgt ist.

Beiträge der Vertrauensperson der Schwerbehinderten sowie der Jugend- und Auszubildendenvertretung einschließlich möglicher Beschlussaussetzungen (§ 178 Abs. 4 S. 2 SGB IX bzw. § 66 Abs. 1 BetrVG) sollten zudem bereits aus Gründen der Rechtssicherheit protokolliert werden.

61. Welche Ausführungen darf ein Protokoll nicht enthalten („Verbotener Inhalt")?

Falls eine Abstimmung geheim erfolgt ist, darf das Abstimmungsverhalten der einzelnen Betriebsratsmitglieder nicht dokumentiert werden.

62. Dürfen geheimhaltungsbedürftige Inhalte in das Protokoll aufgenommen werden?

Ja, zB Betriebs- und Geschäftsgeheimnisse oder sonstige geheimhaltungsbedürftige Angaben, die vom Arbeitgeber in der Betriebsratssitzung mitgeteilt wurden, dürfen im Protokoll erwähnt werden. Ein Recht auf Einsichtnahme in die Protokolle haben nur Betriebsratsmitglieder. Diese sind gem. § 79 BetrVG zur Verschwiegenheit verpflichtet. Gewährt der Betriebsratsvorsitzende bei Vorliegen eines berechtigten Interesses anderen Personen Einsicht in das Protokoll, muss er sicherstellen, dass diese von geheimhaltungsbedürftigen Angaben keine Kenntnis erhalten.

63. Welche datenschutzrechtliche Vorschrift ist bei der Protokollerstellung vor allem zu beachten?

Zu beachten ist vor allem Art. 5 Abs. 1 DS-GVO, der die Grundsätze für die Verarbeitung personenbezogener Daten beinhaltet. Die Grundsätze der Zweckbindung (Art. 5 Abs. 1 lit. b DS-GVO) und der Datenminimierung (Art. 5 Abs. 1 lit. c DS-GVO) verpflichten den Betriebsrat, in Protokollen enthaltene Daten auf das erforderliche Minimum zu beschränken.

64. Ist ein Protokoll zu unterschreiben?

Ja. Gem. § 34 Abs. 1 S. 2 BetrVG ist die Niederschrift von dem Betriebsratsvorsitzenden und einem weiteren Betriebsratsmitglied zu unterschreiben. Mit ihrer Unterschrift übernehmen der Betriebsratsvorsitzende und das weitere Betriebsratsmitglied die Verantwortung für die Richtigkeit und Vollständigkeit des Protokolls.

Praxistipp

Die Unterschriften dürfen keinesfalls vergessen werden.

65. Müssen diejenigen, die das Protokoll unterschreiben, selbst an der Betriebsratssitzung teilgenommen haben?

Ja. Nach ihrem Zweck darf die Unterschrift nur von einer Person geleistet werden, die selbst an der Sitzung teilgenommen hat.

66. Welche rechtlichen Folgen hat es, wenn das Protokoll nicht unterschrieben ist?

Ist das Protokoll entgegen § 34 Abs. 1 S. 2 BetrVG nicht unterschrieben, handelt es sich bei dem Dokument nur um den Entwurf eines Protokolls. Der Entwurf eines Protokolls kann im arbeitsgerichtlichen Verfahren – im Gegensatz zum fertiggestellten Protokoll (→ *Frage 9: Welchen Beweiswert hat ein Protokoll im arbeitsgerichtlichen Verfahren?*) – nicht als Beweismittel dienen.

VI. Protokollierung von Betriebs- und Abteilungsversammlungen

Das folgende Kapitel erläutert, welche Besonderheiten bei der Protokollierung von Betriebs- und Abteilungsversammlungen zu beachten sind.

67. Müssen Betriebs- und Abteilungsversammlungen protokolliert werden?

Das BetrVG verpflichtet nicht zur Protokollierung von Betriebs- und Abteilungsversammlungen. Unabhängig davon sollten die wichtigsten Inhalte einer Betriebs- oder Abteilungsversammlung allerdings in einem Versammlungsprotokoll festgehalten werden.

68. Welche Besonderheiten sind bei der Protokollierung von Betriebs- und Abteilungsversammlungen zu beachten?

In einem Versammlungsprotokoll sollten neben den allgemein üblichen Informationen (Tagesordnung, Beginn und Ende der Versammlung etc.) vor allem Informationen und Zusagen des Arbeitgebers sowie Fragen, Vorschläge, Beschwerden und Kritik der Belegschaft festgehalten werden. Auf diese Weise kann verhindert werden, dass wichtige Dinge nach der Versammlung in Vergessenheit geraten.

VII. Umgang mit dem erstellten Protokoll

Was geschieht mit dem unterschriebenen Protokoll? Wer hat ein Recht, dieses einzusehen und wie ist mit erhobenen Einwänden gegen seine Richtigkeit umzugehen? Diese Themen werden nachfolgend behandelt.

69. Wer darf in Protokolle Einsicht nehmen?

Gem. § 34 Abs. 3 BetrVG haben die Mitglieder des Betriebsrats das Recht, die Unterlagen des Betriebsrats und seiner Ausschüsse jederzeit einzusehen. Die Betriebsratsmitglieder sollen sich jederzeit über die Vorgänge im Betriebsrat und in seinen Ausschüssen informieren können. Alle Betriebsratsmitglieder sollen dadurch einen Überblick über die gesamte Tätigkeit des Gremiums erhalten können. Das Einsichtsrecht in die Unterlagen von Ausschüssen besteht grundsätzlich unabhängig davon, ob das Betriebsratsmitglied dem Ausschuss angehört. Anders ist dies allein beim Wirtschaftsausschuss: Bei diesem besteht das Einsichtsrecht nur für dessen Mitglieder.

70. Muss ein Betriebsratsmitglied, wenn es Einsicht in die Unterlagen nehmen will, ein besonderes Interesse darlegen?

Nein. Das Einsichtsrecht kann ohne Darlegung eines besonderen Interesses jederzeit ausgeübt werden. Auch datenschutzrechtliche Bestimmungen können keine Einschränkung des Einsichtsrechts rechtfertigen, da die §§ 99 Abs. 1 S. 3, 102 Abs. 2 S. 5 iVm § 79 Abs. 1 S. 2–4 BetrVG dem BDSG insoweit vorgehen. Durch die Ausübung des Einsichtsrechts darf jedoch die Arbeit des Betriebsrats und seiner Ausschüsse nicht gestört werden. Solch eine verbotene Störung wäre zB die Einsichtnahme in Personalunterlagen eines Mitarbeiters, während der Personalausschuss über die Versetzung genau dieses Mitarbeiters entscheiden soll und damit das Mitbestimmungsrecht des Betriebsrats in personellen Einzelmaßnahmen nach §§ 99 Abs. 1, 28 Abs. 1 BetrVG ausübt.

71. Besteht das Recht zur Einsichtnahme auch nach dem Ausscheiden aus dem Betriebsrat?

Nein. Das Recht zur Einsichtnahme folgt aus dem Betriebsratsamt und besteht daher auch nur für die Dauer der Amtszeit des einzelnen Betriebsratsmitglieds (LAG Hessen 25.10.2012 – 9 TaBV 129/12).

72. Haben auch andere Teilnehmer einer Betriebsratssitzung ein Einsichtsrecht in die Unterlagen des Betriebsrats und seiner Ausschüsse?

Grundsätzlich nein. Die Vertrauensperson der schwerbehinderten Menschen, die Jugend- und Auszubildendenvertretung, im Falle einer Einladung durch den Betriebsrat auch der Arbeitgeber und im Betriebsrat vertretene Gewerkschaften dürfen zwar an einer Betriebsratssitzung teilnehmen, sind allerdings nicht zur Einsichtnahme in die Unterlagen des Betriebsrats und seiner Ausschüsse berechtigt.

Achtung: Gem. § 34 Abs. 2 BetrVG ist dem Arbeitgeber und dem Beauftragten einer Gewerkschaft, die an einer Betriebsratssitzung tatsächlich teilgenommen haben, der Teil des Protokolls abschriftlich auszuhändigen, der sich auf den Zeitraum ihrer Sitzungsteilnahme bezieht. Hat der Arbeitgeber an der Betriebsratssitzung nur für die Dauer eines Tagesordnungspunktes (zB Abschluss einer neuen Betriebsvereinbarung zum Thema mobile Arbeit) teilgenommen, so ist ihm nur dieser Teil des Protokolls in Kopie auszuhändigen.

→ *Muster 9: Schreiben an den Arbeitgeber bezüglich auszugsweiser Abschrift des Protokolls*

73. Welche Besonderheiten gelten bei Protokollen, die den Abschluss einer Betriebsvereinbarung vorbereiten?

Hier hat das BAG Anfang 2022 eine Klarstellung vorgenommen: Der Arbeitgeber kann zeitnah nach der Sitzung des Betriebsrats Einsicht in die Beschlussfassung verlangen. Auf diesem Wege kann er den Nachweis einholen, dass der Vorsitzende des Betriebsrats tatsächlich zum Abschluss der Betriebsvereinbarung ermächtigt worden ist. Auf ein entsprechendes Verlangen des Arbeitgebers hin muss der Betriebsrat dem Arbeitgeber gem. § 77 Abs. 1 iVm § 2 Abs. 1 BetrVG jenen Teil des Protokolls aushändigen, aus dem sich die erforderliche Beschlussfassung des Gremiums ergibt (BAG 8.2.2022 – 1 AZR 233/21).

74. Ergibt sich aus anderen Vorschriften ein Recht auf Zurverfügungstellung von Unterlagen des Betriebsrats?

Die Jugend- und Auszubildendenvertretung kann verlangen, dass ihr der Betriebsrat die zur Durchführung ihrer Aufgaben erforderlichen Unterlagen zur Verfügung stellt (vgl. § 70 Abs. 2 S. 2 BetrVG). Diese Unterlagen können auch Sitzungsprotokolle oder Teile davon sein.

75. Muss einzelnen Betriebsratsmitgliedern eine Kopie des Protokolls zur Verfügung gestellt werden?

Nein. Das Einsicht nehmende Betriebsratsmitglied kann sich Notizen über den Inhalt der Unterlagen machen. Es kann jedoch weder Überlassung der Unterlagen noch Kopien derselben verlangen. Ungeachtet dessen entspricht es der überwiegenden Praxis, Kopien auszuhändigen, statt nur Einsicht zu gewähren.

76. An wen muss sich der Berechtigte wenden, wenn er den Anspruch auf Einsichtnahme geltend machen will?

Das Recht auf Einsicht muss gegenüber demjenigen geltend gemacht werden, der die Unterlagen des Betriebsrats oder seiner Ausschüsse aufbewahrt bzw. verwaltet. Dies wird üblicherweise der Betriebsratsvorsitzende sein, da er grundsätzlich für die Aktenführung verantwortlich ist. Verweigert der Betriebsratsvorsitzende willkürlich die Einsichtnahme in die Unterlagen des Betriebsrats oder seiner Ausschüsse, stellt dies eine Pflichtverletzung dar und kann ein Verfahren nach § 23 Abs. 1 BetrVG nach sich ziehen.

77. Wer entscheidet im Falle von Streitigkeiten über das Einsichtsrecht?

Im Falle von Streitigkeiten entscheidet auf Antrag das Arbeitsgericht im Beschlussverfahren nach §§ 2a Abs. 1 Nr. 1, Abs. 2, 80 ff. ArbGG. Antragsberechtigt sind alle Personen, die entsprechende Ansprüche geltend machen können.

78. Wer kann Einwände (Einwendungen) gegen das Protokoll erheben?

Einwände gegen das Protokoll können von allen Sitzungsteilnehmern erhoben werden. Die genaue gesetzliche Bezeichnung gem. § 34 Abs. 2 S. 2 BetrVG lautet jedoch „Einwendungen“ und wird deshalb so in den weiteren Fragen verwendet.

79. Welche Einwendungen gegen das Protokoll sind denkbar?

Einwendungen können sich zB auf den Wortlaut der Beschlüsse, das Stimmenverhältnis bei der Beschlussfassung oder die Vollständigkeit der Anwesenheitsliste beziehen. Keine Einwendung ist die Vorlage eines vollständigen Gegenprotokolls.

80. Bei wem sind Einwendungen gegen das Protokoll zu erheben?

Empfangszuständig für Einwendungen gegen das Protokoll ist der Betriebsratsvorsitzende (§ 26 Abs. 2 S. 2 BetrVG).

81. Sind hierbei Fristen und Formvorschriften zu beachten?

Einwendungen gegen das Protokoll sind unverzüglich schriftlich zu erheben (vgl. § 34 Abs. 2 S. 2 BetrVG). Unverzüglich bedeutet „ohne schuldhaftes Zögern“ (§ 121 Abs. 1 S. 1 BGB). Betriebsratsmitglieder können Einwendungen gegen das Protokoll auch in der nachfolgenden Betriebsratssitzung im Rahmen der weit verbreiteten Praxis der Genehmigung des Protokolls geltend machen.

82. Wie ist mit Einwendungen gegen das Protokoll umzugehen?

Der Betriebsratsvorsitzende ist verpflichtet, erhobene Einwendungen dem Betriebsrat zur Kenntnis zu bringen und dem Protokoll beizufügen.

83. Darf das Protokoll geändert werden?

Nein. Die Abänderungsbefugnis über das Protokoll geht nach dessen Fertigstellung durch die Unterschriften gem. § 34 Abs. 1 S. 2 BetrVG verloren. Ergibt sich nach Fertigstellung des Protokolls, dass dieses inhaltlich unzutreffend ist, so können die Unrichtigkeiten nur durch Beifügung entsprechender Einwendungen nach § 34 Abs. 2 S. 2 BetrVG kenntlich gemacht werden.

84. Muss ein erstelltes Protokoll in der jeweils nächsten Betriebsratssitzung durch den Betriebsrat genehmigt werden?

Die Genehmigung des Protokolls ist nur erforderlich, wenn die Geschäftsordnung des Betriebsrats dies vorschreibt. Eine gesetzliche Verpflichtung hierzu besteht nicht, und zwar unabhängig davon, ob Einwendungen gegen das Protokoll erhoben wurden oder nicht.

Praxistipp

Die Genehmigung des Protokolls der vorhergehenden Betriebsratssitzung ist bei vielen Gremien üblich.

85. Wie und wo sind Protokolle zu verwahren?

Protokolle sind vom Betriebsratsvorsitzenden zu verwahren. Dieser muss hierbei sicherstellen, dass Protokolle vor dem unbefugten Zugriff Dritter geschützt sind. Dies erfordert etwa die Lagerung in einem verschließbaren Aktenschrank oder einem elektronischen Dateiarchiv. Letzteres muss im Netzwerk des Arbeitgebers jedoch vor unbefugtem Zugriff geschützt sein. Zusammen mit dem Protokoll sind auch die Einladung mit Tagesordnung und die Anwesenheitsliste aufzubewahren.

86. Wie lange sind Protokolle aufzubewahren?

Protokolle sind so lange aufzubewahren, wie ihr Inhalt von rechtlicher Bedeutung ist. Für die allermeisten Protokolle endet die Aufbewahrungszeit daher in der Regel spätestens mit dem Ende der Amtszeit des jeweiligen Gremiums.

Achtung: Betriebsvereinbarungen überdauern in der Regel die Amtszeit des sie abschließenden Betriebsrats. Das entsprechende Beschlussprotokoll kann während der gesamten Geltungsdauer der Betriebsvereinbarung von Bedeutung sein und ist daher ebenso lange aufzubewahren. Bei Beendigung seiner Amtszeit ist der Betriebsrat daher verpflichtet, dem nachfolgenden Betriebsrat diese Protokolle zur Aufbewahrung weiterzugeben.

VIII. Fehlerquellen und Strafbarkeitsrisiken

Was müssen Betriebsratsmitglieder beachten, um sich im Umgang mit dem Protokoll nicht strafbar zu machen? Diese Frage wird abschließend beantwortet.

87. Macht sich ein Betriebsratsmitglied strafbar, wenn es ein Protokoll ändert?

Ja, denn es könnte sich um eine Urkundenfälschung handeln.

Beispiel

Nach der Betriebsratssitzung unterzeichnen der Betriebsratsvorsitzende V und das Betriebsratsmitglied M das Protokoll. Einen Tag später fällt B ein, dass das Protokoll inhaltlich unrichtig ist. So sei ein Beschlussantrag nicht mit einem Stimmenverhältnis von 5:3, sondern mit 6:2 Stimmen abgelehnt worden. B ändert das Protokoll daher mit Zustimmung aller Betriebsratsmitglieder entsprechend ab.

Macht sich B damit strafbar? Ja, wegen Urkundenfälschung nach § 267 Abs. 1 StGB. Mit Fertigstellung des Protokolls durch dessen Unterzeichnung (§ 34 Abs. 1 S. 2 BetrVG) erlischt die Befugnis, inhaltliche Änderungen vorzunehmen. Hieran ändert auch das Einverständnis der übrigen Betriebsratsmitglieder nichts; es ist rechtlich schlicht unerheblich. Vielmehr laufen die übrigen Betriebsratsmitglieder sogar Gefahr, sich ebenfalls strafbar zu machen, wenn sie an der nachträglichen Abänderung mitwirken (Mittäterschaft oder Beihilfe). Ergibt sich nach Fertigstellung des Protokolls, dass dieses inhaltlich unzutreffend ist, so können die Unrichtigkeiten nur durch Beifügung entsprechender Einwendungen nach § 34 Abs. 2 S. 2 BetrVG kenntlich gemacht werden.

Muster

Muster 1: Praktische Tipps

Die folgenden zehn Tipps sollte sich ein Schriftführer insbesondere bei Unklarheiten stets in Erinnerung rufen, da sie in vielen Fällen weiterhelfen:

1. Leitmotiv für das gesamte Protokoll (situativ flexibel): So wenig wie möglich, so viel wie nötig.
2. Herangehensweise („Vor der Sitzung"): So gut vorbereitet wie nötig.
3. Arbeitsweise in der Betriebsratssitzung: So gut strukturiert wie möglich.
4. Keine falsche Zurückhaltung: Bei Unklarheiten nachfragen.
5. Vollendung des Protokolls: So zeitnah wie möglich.
6. Schreibweise: So verständlich wie möglich.
7. Protokollierung: So präzise wie möglich.
8. Streitigkeiten im Gremium: Sachlichkeit ist Trumpf.
9. Im Zweifel: Vorfahrt für die Vollständigkeit und Richtigkeit des Protokolls.
10. Der Abschluss: Unterschriften nicht vergessen!

Muster 2: Ladung und Tagesordnung (Beispiel)

Hiermit lade ich zur Betriebsratssitzung am ...... um ...... Uhr in den Räumlichkeiten des Betriebsrats in Musterstraße 15, 12345 Musterstadt (Zimmer 007 im Erdgeschoss).

Tagesordnung:

1. Beratung und Beschluss: Verhandlung einer Betriebsvereinbarung mit dem Arbeitgeber betreffend die Einführung eines digitalen Zylinderschließsystems auf dem gesamten Betriebsgelände

2. Beratung und Beschluss: Verhandlung einer Betriebsvereinbarung mit dem Arbeitgeber betreffend die Ausgestaltung mobiler Arbeit

3. Beratung und Beschluss: Anhörung zur geplanten krankheitsbedingten Kündigung von Herrn *Albert Einstein*

4. Beratung und Beschluss: Verschlechterung der Qualität der Speisen in der Kantine

5. Beratung und Beschluss: Teilnahme des Betriebsratsmitglieds *Maier* am ifb-Seminar Betriebsverfassungsrecht Teil I vom ...... bis ...... in Hamburg

6. Beratung: Verschiedenes

Werden Ergänzungen zu dieser Tagesordnung gewünscht, bitte ich um umgehende Benachrichtigung, damit ich diese den Betriebsratsmitgliedern noch vor der Sitzung mitteilen kann.

____

(Betriebsratsvorsitzende/r)

Anlagen:

- Entwurf des Arbeitgebers für eine Betriebsvereinbarung „Digitales Zylinderschließsystem"
- Anhörungsschreiben des Arbeitgebers vom ...... bzgl. der geplanten ordentlichen krankheitsbedingten Kündigung von Herrn *Albert Einstein*

Muster 3: Anwesenheitsliste (Beispiel)

Betriebsratssitzung am ...... um ...... Uhr

Betriebsratsmitglieder:	**Unterschriften:**
Eva Zwerg, Vorsitzende	____________________
Adam Riese, stellvertretender Vorsitzender	____________________
Max Mustermann	____________________
Liese Müller	____________________
Emilia Emsig	____________________
Berti Maier	____________________
Jugend- und Auszubildendenvertretung:	
Peter Fröhlich	____________________
Schwerbehindertenvertretung:	
Susanne Sorgsam	____________________
Gewerkschaftsbeauftragter:	
Karl Kräftig	____________________
Arbeitgebervertretung:	
Petra Pelzig	____________________

Zu den Tagesordnungspunkten: ......

Sonstiges: ......

Muster 4: Protokoll (Beispiel)

Betriebsratssitzung am ......

Beginn der Sitzung: ...... Uhr

Ende der Sitzung: ...... Uhr

Leitung: *Eva Zwerg*, Vorsitzende

Schriftführer: *Berti Maier*

Anwesende: siehe Anwesenheitsliste als Anlage Nr. 1

Entschuldigt fehlt: *Hans Huber*

Unentschuldigt fehlt: niemand

Tagesordnung (Anlage Nr. 2): genehmigt

Folgende Änderungen oder Ergänzungen der Tagesordnung wurden beschlossen: keine

Niederschrift der letzten Betriebsratssitzung (vom ......) genehmigt: ja

Folgende Änderungen oder Ergänzungen der Niederschrift wurden beschlossen: keine

Die Vorsitzende *Zwerg* begrüßt die Anwesenden und eröffnet die Sitzung.

Tagesordnungspunkt (TOP) 1: Verhandlung einer Betriebsvereinbarung mit dem Arbeitgeber betreffend die Einführung eines digitalen Zylinderschließsystems auf dem gesamten Betriebsgelände

a) *Riese* leitet die Verhandlungen auf Seiten des Betriebsrats (BR) und berichtet: Die letzte Verhandlungsrunde zwischen BR und Arbeitgeber (AG) fand am ...... statt. Eine Einigung wurde nicht erzielt. Streitig ist nach wie vor insbesondere die Erfassung der Zutrittsdaten in einer zentralen EDV: Der AG will sämtliches Auf- und Zusperren in Echtzeit erheben, zentral speichern und in einer Software mit den Bildern der Überwachungskameras, den Tastaturanschlägen auf den PC-Tastaturen („Keylogger") sowie den Daten des Systems für die Erfassung der Arbeitszeit zusammenführen.

b) Weiterer Hinweis von *Riese*: Das Gutachten des IT-Sachverständigen *Gustav Griemlich* vom ...... kommt zu dem Ergebnis, dass durch das Zusammenführen der unter Punkt a) genannten Daten lückenlose Arbeits- und Bewegungsprofile der Mitarbeiter erstellt werden können. Er weist ausdrücklich darauf hin, dass der BR nicht nachvollziehen kann, ob derartige Profile erstellt werden und, falls ja, wofür sie verwendet werden. Wenn das System erst installiert ist, wird es dem Betriebsrat nicht möglich sein, die Verwendung solcher Profile wirksam zu unterbinden.

c) Eröffnung der Diskussion durch *Zwerg*:

Wesentliche Argumente für eine Fortführung der Verhandlungen:

- Wirksame Steuerung des Zugangs zu den Betriebsteilen.
- AG treibt notwendige Modernisierungs- und Umbaumaßnahmen voran (beides soll nicht vom BR behindert werden).
- Allgemeine Aufrechterhaltung einer guten Gesprächsatmosphäre (allgemein für wünschenswert, allerdings auch für schwach befunden).

Wesentliche Argumente gegen eine Fortführung der Verhandlungen:

- Alle Argumente sind ausgetauscht und hinlänglich bekannt.
- BR befürchtet Totalüberwachung der AN.
- Befürchtung wurde vom AG nicht überzeugend ausgeräumt.
- Neue Argumente sind nicht zu erwarten, ebenso wenig ein milderes Mittel oder gar Einlenken des AG.

d) Beschlussantrag durch *Emsig*: Der BR stellt fest, dass die Verhandlungen mit dem AG über den Abschluss einer Betriebsvereinbarung betreffend die Einführung eines digitalen Zylinderschließsystems auf dem gesamten Betriebsgelände gescheitert sind, und beschließt, hierzu die Einigungsstelle anzurufen.

e) Abstimmungsergebnis: einstimmig angenommen mit 6:0 Stimmen.

TOP 2: Verhandlung einer Betriebsvereinbarung mit dem Arbeitgeber betreffend die Ausgestaltung mobiler Arbeit (in Anwesenheit von Frau Petra Pelzig als Arbeitgebervertreterin)

a) *Müller* leitet die Verhandlungen mit dem AG und berichtet: Letzte Verhandlungsrunde fand statt am .... Es wurde eine Einigung dahin gehend erzielt, dass jeder Mitarbeiter an mindestens einem Tag pro Woche von zu Hause aus („mobil") arbeiten darf. Der jeweilige Vorgesetzte ist hierüber lediglich spätestens eine Woche vor dem Tag zu unterrichten. Nach wie vor streitig: Vorrang der Präsenzarbeit vor mobiler Arbeit bei entsprechendem Verlangen des jeweiligen Vorgesetzten („Rückrufrecht AG") sowie die Haftung für Datenschutzverstöße bei mobilem Arbeiten (AG möchte Haftung vollständig auf AN abwälzen). Nächste Verhandlungsrunde terminiert für den ....

b) Weitere Information durch *Zwerg*: Anwaltliches Gutachten zur Haftungsfrage ist in Arbeit, wird allerdings frühestens Ende des Monats vorliegen.

c) Eröffnung der Diskussion durch *Zwerg*: Weiterführung der Verhandlungen sinnvoll aufgrund bisher erzielter Fortschritte in konstruktivem Gesprächsklima. Kein gesetzlicher Anspruch auf mobiles Arbeiten, somit Anspruchsgrundlage in BV erforderlich. Ein Tag pro Woche findet Zustimmung in Belegschaft. Keine Gegenargumente.

d) Die Arbeitgeberseite sagt zu, die Forderung eines etwaigen Rückrufrechts nochmals intern zu besprechen. Die Haftungsfrage wird geprüft werden, um eine arbeitsrechtlich unwirksame Regelung zu vermeiden.

TOP 3: Geplante krankheitsbedingte Kündigung des Herrn *Albert Einstein*

a) *Zwerg* weist auf Mitteilung des Arbeitgebers vom ...... über geplante Kündigung wegen überdurchschnittlich hoher Fehlzeiten (siehe Anlage Nr. 3) hin.

b) Weitere Information durch *Zwerg*: *Albert Einstein*, seit 8 Jahren im Betrieb und seit 3 Jahren als Kundenbetreuer beschäftigt. Keine Abmahnungen. Beschwerden/Beanstandungen sind nicht bekannt.

c) Betriebsrat überlegt zu widersprechen und benötigt dazu folgende Informationen:

- Genaues Ausmaß der Fehlzeiten;
- Gründe für die Fehlzeiten;
- Einschätzung der gesundheitlichen Zukunftsaussichten.

d) Beschlussantrag von *Emsig*: Der Betriebsrat beschließt, sofort beim Arbeitgeber eine genaue Aufschlüsselung der Fehlzeiten des *Einstein*, der Gründe für diese Fehlzeiten sowie der Gesundheitsprognose einzuholen. Das entsprechende Schreiben erstellt die BR-Vorsitzende und stellt dies dem Arbeitgeber zu. Über einen Widerspruch beschließt der Betriebsrat nach Erhalt der fehlenden Informationen.

e) Abstimmungsergebnis:

- Ja-Stimmen: 4
- Nein-Stimmen: 1
- Enthaltungen: 1

TOP 4: Verschlechterung der Qualität der Speisen in der Kantine

a) *Riese* berichtet über mehrere Beschwerden von Kollegen verschiedener Abteilungen bzgl. der Qualität der Speisen in der Kantine seit Januar 2026.

b) *Fröhlich* berichtet, dass auch aus dem Kreis der Jugendlichen und Auszubildenden zunehmend Kritik geäußert wurde.

c) *Pelzig* weist darauf hin, dass auch Geschäftsführer *Huber* Kritik an der Qualität der Speisen geäußert und sich mit dem Kantinenbetreiber ausgetauscht habe; man habe *Huber* mitgeteilt, dass der italienische Küchenchef *Salvatore Bonucci* seit

Januar 2026 arbeitsunfähig krank sei, aber voraussichtlich noch im Mai 2026 seine Arbeit wieder aufnehmen würde; adäquater Ersatz sei nicht zu finden gewesen.

d) Keine Beschlussfassung erforderlich.

TOP 5: Teilnahme des BR-Mitglieds *Maier* am ifb-Seminar Betriebsverfassungsrecht Teil I vom ...... bis ...... in Hamburg

a) *Zwerg* verweist auf den bereits diskutierten Besuch des Grundlagenseminars in Hamburg.

b) *Maier* erwähnt, dass ihm der Geschäftsführer untersagt habe, an einem Seminar teilzunehmen.

c) *Zwerg* führt aus, dass die Entscheidung über eine Seminarteilnahme von Betriebsratsmitgliedern nicht Sache des Arbeitgebers sei. Dieser ist nur insofern an Fortbildungsmaßnahmen des Gremiums beteiligt, als er die Kosten erforderlicher Seminare trägt (§§ 40 f. BetrVG). In dem hier diskutierten Seminar werden Grundlagenkenntnisse vermittelt, die für die Ausübung des Betriebsratsamtes unerlässlich sind und daher außerhalb jeder Diskussion stehen. Soweit das Gremium hier die Teilnahme von *Maier* am Seminar beschließt, wird *Zwerg* aber umso mehr auf den internen Weg der Kostentragungszusage achten, um unnötige Missverständnisse bei der Durchführung des Beschlusses des Betriebsrats von Anfang an zu vermeiden.

d) Beschlussantrag von *Maier*: Der Betriebsrat beschließt die Seminarteilnahme des *Maier* in Hamburg

e) Abstimmungsergebnis:

- Ja-Stimmen: 6
- Nein-Stimmen: 0
- Enthaltungen: 0

TOP 6: Verschiedenes

a) *Zwerg* berichtet über das Monatsgespräch mit dem Arbeitgeber. Letzterer habe betont, dass sich die neuen Kolleginnen und Kollegen aus der Ukraine gut eingearbeitet hätten.

b) *Maier* weist auf erhebliche sprachliche Schwierigkeiten hin, von denen ihm die neuen Kolleginnen und Kollegen aus der Ukraine berichtet hätten.

c) Lösungsansätze werden diskutiert. Es wird mehrheitlich erwogen, dem Arbeitgeber vorzuschlagen, Deutschkurse auf Kosten des Arbeitgebers anzubieten.

d) Es wird vereinbart, das weitere Vorgehen in dieser Angelegenheit im Rahmen der nächsten Betriebsratssitzung zu erörtern. *Zwerg* kündigt an, das Thema auf die Tagesordnung für die nächste Betriebsratssitzung zu setzen.

____

(Protokollführer/in)

____

(Betriebsratsvorsitzende/r)

Anlagen:

- Anwesenheitsliste
- Tagesordnung
- Mitteilung des Arbeitgebers vom ......

Muster 5: Protokoll der Sitzung des Eingruppierungsausschusses (paritätisch besetzt mit je zwei Vertretern von Betriebsrat und Arbeitgeber)

Sitzung des Eingruppierungsausschusses am ......

Beginn der Sitzung: ...... Uhr

Ende der Sitzung: ...... Uhr

Leitung: Adam Riese, Vorsitzender

Schriftführer: Ludwig Lustig

Anwesende: Adam Riese und Liese Müller (für den Betriebsrat); Petra Pelzig und Ludwig Lustig (für den Arbeitgeber)

Entschuldigt fehlt: niemand

Unentschuldigt fehlt: niemand

Tagesordnung (Anlage Nr. 2): genehmigt

Folgende Änderungen oder Ergänzungen der Tagesordnung wurden beschlossen: keine.

Niederschrift der letzten Sitzung (vom ......) genehmigt: einstimmig

Folgende Änderungen oder Ergänzungen der Niederschrift wurden beschlossen: keine

Der Vorsitzende *Riese* begrüßt die Anwesenden und eröffnet die Sitzung.

Tagesordnungspunkt (TOP) 1: Eingruppierung der zum ...... die Arbeit aufnehmenden Mitarbeiter Tanja Tatendrang und Heinrich Hoffnungsfroh

a) *Pelzig* hat die Unterlagen von *Tatendrang* und *Hoffnungsfroh* auf Seiten des Arbeitgebers vorbereitet und berichtet über die aus dessen Sicht bestehenden Gründe für die geplanten Eingruppierungen (*Tatendrang* in Entgeltgruppe E 7, *Hoffnungsfroh* in Entgeltgruppe E 3, beide jeweils Untergruppe 2).

b) Eröffnung der Diskussion durch *Riese*:

- Wesentliches Argument für die vorgeschlagenen Eingruppierungen: Anknüpfung an die Kriterien gemäß geltendem Tarifvertrag.
- Wesentliches Argument dagegen: Fehlende Berücksichtigung der konkreten Arbeitsbedingungen in den Abteilungen, denen *Tatendrang* und *Hoffnungsfroh* zugeteilt werden sollen, für die Auswahl der tarifvertraglichen Unterstufe.

Lustig räumt nach längerer Diskussion Fehler in der Auswahl der Untergruppe ein. Daraufhin bietet *Pelzig* an, dass *Tatendrang* in Untergruppe 5, *Hoffnungsfroh* hingegen in Untergruppe 3 eingestuft wird.

c) Beschlussantrag durch *Müller*: Der Eingruppierungsausschuss stuft *Tatendrang* in die Gehaltsstufe E 7, Untergruppe 5 ein, Arbeitnehmer *Hoffnungsfroh* hingegen in die Gehaltsstufe E 3, Untergruppe 3.

d) Abstimmungsergebnis: Einstimmig angenommen bei keiner Enthaltung.

TOP 2: Änderung der Eingruppierung der Mitarbeiter der Abteilung Versand

a) *Müller* berichtet über den Tarifabschluss, an dem sich das Unternehmen bisher immer orientiert hat. *Lustig* betont zwar, dass der Arbeitgeber nach wie vor nicht tarifgebunden ist, bestätigt aber den Orientierungscharakter des Abschlusses.

b) *Riese* unterrichtet die Anwesenden, dass der Betriebsrat mit Beschluss vom ...... beim Eingruppierungsausschuss beantragt hat, die gesamte Abteilung Versand gemäß dem neuen Tarifabschluss einzugruppieren (kollektiv-arbeitsrechtliche Angelegenheit).

c) Beschlussantrag durch *Pelzig*: Die Eingruppierung der gesamten Abteilung Versand wird mit Wirkung zum ...... an den Tarifabschluss 2026 angeglichen.

d) Abstimmungsergebnis: Einstimmig angenommen bei keiner Enthaltung.

TOP 3: Verschiedenes

a) ...... berichtet über ......

b) ...... weist auf ...... hin.

c) Lösungsansätze werden diskutiert. Es wird mehrheitlich erwogen, ...

d) Es wird vereinbart, dass ......

____

Lustig (Protokollführer)

Anlagen:

- Anwesenheitsliste
- Tagesordnung
- Tarifabschluss 2026 (relevant für die Abteilung Versand)

Muster 6: Ladung und Tagesordnung (leer)

Hiermit lade ich zur Betriebsratssitzung am ...... um ...... Uhr in den Räumlichkeiten des Betriebsrats in ......, ... (Zimmer ...... im Erdgeschoss).

Tagesordnung:

1. Beratung und Beschluss: Verhandlung ......

2. Beratung und Beschluss: ......

3. Beratung und Beschluss: Teilnahme des Betriebsratsmitglieds ...... am ifb-Seminar ...... vom ...... bis ...... in ......

4. Beratung: Verschiedenes

Werden Ergänzungen zu dieser Tagesordnung gewünscht, bitte ich um umgehende Benachrichtigung, damit ich diese den Betriebsratsmitgliedern noch vor der Sitzung mitteilen kann.

____

(Betriebsratsvorsitzende/r)

Anlagen:

-
-

Muster 7: Anwesenheitsliste (leer)

Betriebsratssitzung am ...... um ...... Uhr

Betriebsratsmitglieder:	Unterschriften:
......	____________________
......	____________________
......	____________________
......	____________________
......	____________________
......	____________________
Ersatzmitglieder:	
......	____________________
......	____________________
......	____________________
Jugend- und Auszubildendenvertretung:	
......	____________________
Schwerbehindertenvertretung:	
......	____________________
Gewerkschaftsbeauftragter:	
......	____________________
Arbeitgeber bzw. -vertretung:	
......	____________________

Zu den Tagesordnungspunkten: ......

Sonstiges: ......

Muster 8: Protokoll (leer)

Betriebsratssitzung am: ......

Beginn der Sitzung: ...... Uhr

Ende der Sitzung: ...... Uhr

Leitung: ......, Vorsitzende/r

Schriftführer: ......

Anwesende: siehe Anwesenheitsliste als Anlage Nr. 1

Entschuldigt fehlt: ......

Unentschuldigt fehlt: ......

Tagesordnung (Anlage Nr. 2) ......

Folgende Änderungen oder Ergänzungen der Tagesordnung wurden beschlossen: ......

Niederschrift der letzten Betriebsratssitzung (vom ......) genehmigt: ......

Folgende Änderungen oder Ergänzungen der Niederschrift wurden beschlossen: ......

Der/die Vorsitzende ...... begrüßt die Anwesenden und eröffnet die Sitzung.

Tagesordnungspunkt (TOP) 1: Verhandlung einer ......

a) ...... leitet die Verhandlungen auf Seiten des Betriebsrats und berichtet: ....

b) Eröffnung der Diskussion durch ...... :

Wesentliche Argumente für ...... : ......

Wesentliche Argumente gegen ...... : ......

c) Beschlussantrag durch ...... : Der Betriebsrat stellt fest, dass ......

d) Abstimmungsergebnis: ......

TOP 2: ......

a) ...... berichtet über ......

b) Keine Beschlussfassung erforderlich.

TOP 3: Teilnahme des Betriebsratsmitglieds ...... am ......-Seminar ...... vom ...... bis ...... in ......

a) ...... verweist auf ......

b) ...... erwähnt, dass ......

c) Beschlussantrag von ...... : ......

d) Abstimmungsergebnis: ......

TOP 4: Verschiedenes

a) ...... berichtet über ......

b) ...... weist auf ...... hin.

c) Lösungsansätze werden diskutiert. Es wird mehrheitlich erwogen, ...

d) Es wird vereinbart, dass ......

____

(Protokollführer/in)

____

(Betriebsratsvorsitzende/r)

Anlagen:

- Anwesenheitsliste
- Tagesordnung
- ......

Muster 9: Schreiben an den Arbeitgeber bezüglich auszugsweiser Abschrift des Protokolls

Betriebsrat der Mustermann-GmbH

An

Leiterin Human Resources

Frau Petra Pelzig (im Hause)

...... [Datum]

Betreff: Betriebsratssitzung am ...... – Abschrift des Sitzungsprotokolls (Auszug)

Sehr geehrte Frau Pelzig,

Sie haben unserer Einladung folgend am ...... teilweise an unserer Betriebsratssitzung teilgenommen und die Mustermann-GmbH vertreten. Wir bedanken uns für den konstruktiven Austausch, der es uns ermöglicht hat, das Vorhaben einer Betriebsvereinbarung (BV) über die Ausgestaltung mobiler Arbeit im Betrieb wesentlich voranzutreiben. Wir sind davon überzeugt, dass die BV zeitnah abgeschlossen werden kann und dass sie sich sowohl für die Belegschaft als auch für den Betrieb als vorteilhaft erweisen wird.

In der Anlage übersenden wir Ihnen unter Beachtung des § 34 Abs. 2 BetrVG auszugsweise eine Abschrift unseres Sitzungsprotokolls, konkret für den Tagesordnungspunkt (TOP) 2 („Betriebsvereinbarung über die Ausgestaltung mobiler Arbeit").

Wie vereinbart haben wir uns den ...... für eine weitere Besprechung des Themas vorgemerkt.

Mit freundlichen Grüßen

____

(Eva Zwerg, Betriebsratsvorsitzende)

Anlage: Auszug des Sitzungsprotokolls (zu TOP 2) von der Betriebsratssitzung am ......